AF296003

A U
CONSEIL DES CINQ-CENTS.

Réclamation d'un grand nombre d'habitans de la Vendée, contre le séquestre établi sur leurs biens.

CITOYENS LÉGISLATEURS,

LES mesures adoptés par le gouvernement, ont étouffé les germes de la discorde, qui déchira longtems le malheureux département de la Vendée. La paix y est irrévocablement établie : mais les suites de la guerre affligent encore une partie de ses habitans.

Un grand nombre se trouve inscrit sur la liste des émigrés, sans être jamais sorti du territoire français : les administrations n'ont pas le moindre doute à cet égard ; si elles en avaient, il serait facile de le lever. La plupart sont des femmes et des vieillards ; quelques-uns même étaient morts avant leur inscription.

A

Au moment où on leur donnait l'espérance flatteuse de vivre avec sécurité sous l'égide des loix ; au moment où le gouvernement leur offrait un oubli généreux des fautes ou des erreurs passées, protection et sûreté pour l'avenir ; au moment où ils s'attendaient de jouir en paix des tristes restes de leurs fortunes délabrées, l'agence des domaines a mis leurs biens sous le séquestre. Ils ont réclamé auprès des autorités compétentes : mais on leur répond froidement : « Vous êtes inscrits sur la liste des émigrés, et vous n'avez pas réclamé avant la loi du 26 floréal de l'an III. Cette loi vous interdit la faculté de le faire en ce moment, et défend aux corps administratifs d'accueillir vos réclamations ».

Chargé spécialement de vous présenter leurs justes plaintes, je dois répondre à ce cruel sophisme.

J'observe d'abord, et c'est une vérité trop incontestable, qu'au moment où ceux qui réclament furent inscrits sur la liste des émigrés, on était bien persuadé qu'ils n'étaient pas réellement émigrés ; mais le décret du 19 mars 1793 les avait mis hors de la loi, les avait voués à la mort indistinctement, sans

(3)

ouvrir à ceux qui auraient été disposés à re-
connaître leur égarement, aucune voie au
repentir. Je lis la preuve de cette affligeante
vérité dans le texte même de cet acte, à qui
je n'ose donner le nom de loi. Art. VI. « Les
» prêtres, les ci-devant nobles, les ci-devant
» seigneurs, les émigrés ; les agens et domes-
» tiques de toutes ces personnes, les étran-
» gers, ceux qui ont eu des emplois ou exercé
» des fonctions publiques dans l'ancien gou-
» vernement ou depuis la révolution.......
» subiront la peine de mort ».

Art. IX. « Les commandans de la force
» publique feront incessamment publier une
» proclamation portant injonction à tous les
» rebelles de se séparer et de mettre bas les
» armes.

« Ceux qui auront obéi et seront rentrés
» dans le devoir, aux termes de la proclamation
» et dans le délai de 24 heures, ne pourront
» être ni inquiétés ni recherchés......

« Les personnes désignées dans la première
» partie de l'art. VI, ne pourront profiter des
» dispositions du présent article, et elles
» subiront, dans tous les cas, la peine portée
» par la présente loi ».

A 2

S'ils furent inscrits sur la liste, ce ne fut pas comme émigrés ; mais comme proscrits ; leur inscription fut le premier pas que l'on fit pour la confiscation de leurs biens, suite nécessaire de leur mise hors de la loi. Or, pendant tout le tems qu'a duré la guerre civile, unique cause de leur inscription, à quelle époque, dans quelle forme et en vertu de quelle loi auraient-ils pu réclamer ?

Leur inscription ne pouvait leur être connue. L'eût-elle été, ils ne pouvaient se présenter pour se pourvoir en radiation, sans s'exposer à être punis de mort comme rebelles. Ils n'avaient d'autre alternative que de périr sur l'échafaud, ou de rester inscrits sur la liste. Qui oserait les blâmer d'avoir préféré le dernier parti ?

Eussent-ils été disposés à réclamer, il leur était impossible de le faire dans les formes légales ; on eût exigé d'eux des certificats de résidence, et dans le pays qu'ils habitaient, il n'y avait, il ne pouvait y avoir aucune autorité légalement constituée qui pût leur délivrer ces certificats.

Leur inscription est du 4 octobre 1793. C'est donc conformément aux loix du 28 mars 1793 et 21 brumaire de l'an III, qu'ils auraient dû réclamer : mais ces loix n'étaient pas obligatoires pour eux, puisqu'elles n'avaient pas été promulguées dans le pays qu'ils habitaient.

Mettons à l'écart de vains ménagèmens, et parlons avec franchise. La Vendée fut pendant trois ans dans une position particulière. Étrangère à la république pendant trois ans, elle forma, pour ainsi dire, un état séparé. Les loix que je viens de citer, et toutes les loix générales qui furent publiées durant cet intervalle, ne lui sont applicables que du moment où elle s'est réunie à la grande famille. Il serait aussi injuste qu'impolitique d'en punir les habitans, pour n'avoir pas exécuté ces loix. Le corps législatif a parfaitement senti cette importante vérité, lorsqu'il a validé une foule d'actes, nuls d'après nos loix ; mais qu'il eût été imprudent de ne pas légitimer.

Au reste, exige-t-on absolument que les Vendéens inscrits sur la liste aient réclamé avant la loi du 26 floréal ? Ils l'ont fait. Non pas, à la vérité, dans des formes qui leur étaient étrangères, et qu'il leur était impossible de remplir. Mais qu'importe la forme, si celle qu'ils ont employée a été sanctionnée par le corps législatif?

Le 29 pluviôse et le 1er floréal de l'an III, un traité de paix fut solemnellement conclu à la Jaunais et à la Mabilais, entre les représentans du peuple, commissaires de la convention nationale et les principaux chefs vendéens et chouans. Un des articles porte textuellement: « Il sera donné main-levée du séquestre » à ceux desdits habitans insurgés rentrés dans » le sein de la république, et qui sont néan- » moins inscrits sur la liste des émigrés ».

Cet article fut confirmé par deux décrets de la convention, du 24 ventose et 8 floréal de l'an III : la question devrait donc être irrévocablement jugée.

On prétend que ces deux décrets sont rapportés par celui du 26 du même mois de floréal. Mais ce décret ne dit pas un mot des vendéens ni des chouans. Le séquestre mis sur leurs biens avait été levé par une loi formelle, il ne pouvait être rétabli que par une loi aussi formelle. A l'époque du 26 floréal, il ne pouvait y avoir le moindre doute sur leur fidélité, et l'on veut que la convention, sans le moindre prétexte , sans manifester ouvertement ses intentions , ait *implicitement* porté atteinte , dans la plus essentielle de ses dispositions , a un traité solemnellement ratifié 18 jours seulement avant cette époque ! C'est avilir la dignité du corps législatif , c'est insulter à sa probité , de le supposer capable d'une aussi vile escobarderie. La loi du 26 floréal contient une mesure générale , qui n'était applicable ni aux vendéens ni aux chouans, et qui ne pouvait détruire les exceptions prononcées le 8 en leur faveur.

Je trouve dans les actes même du corps législatif, une preuve sans réplique que son intention ne fut jamais de porter atteinte aux traités de la Jaunais et de la Mabilais.

Charrette , et quelques chefs vendéens , séduits par les promesses du gouvernement anglais , et par l'espoir d'une descente sur la côte de l'Ouest , rompirent le traité et recommencèrent les hostilités : mais ce fut le crime de quelques individus ; et cette nouvelle guerre fut bien loin d'être aussi générale que la première.

On n'y vit presque figurer que des déserteurs , des étrangers , des gens sans aveu , des hommes, enfin, à qui le trouble et l'anarchie présentaient des moyens de fortune plus prompts et plus faciles que l'exercice d'une industrie honnête. La division de Stofflet n'y prit point de part, et celle de Sapineau n'y prit qu'une part très-foible.

Lorsque Charrette proposa de reprendre les armes, son projet fut vivement combattu par un grand nombre d'hommes sages, de propriétaires intéressés au rétablissement de l'ordre, qui dès-lors lui devinrent suspects, et dans lesquels il ne vit plus que des ennemis disposés à contrarier ses vues. Les paysans, épuisés et ruinés, ne marchèrent qu'à regret, et forcés par la terreur. C'est une vérité que la justice me commande de consigner ici, et que la prévention tenterait vainement de révoquer en doute (1).

---

(1) On a beaucoup calomnié les commissaires de la convention qui traitèrent avec Charrette à la Jaunais. Je me plais à leur payer ici le tribut de reconnoissance que leur doivent tous les bons citoyens. Les principes sages, justes et modérés, qui ont caractérisé leur conduite, pendant le cours de leur mission, ont inspiré de la confiance aux *vendéens*, et leur ont prouvé qu'ils pouvaient traiter sûrement avec la république, qui, jusques-là, ne s'étoit montrée à leurs yeux que sous des formes hideuses. S'ils n'ont pas obtenu tout le succès qu'ils avaient droit d'espérer, ils

Ceux qui furent infidèles aux traités , ne devaient pas , sans doute , jouir plus long-tems de leurs avantages. Mais le tems des proscriptions en masse était passé , et les coupables seuls devaient être punis. Ce principe ne pouvait échapper à la sagesse du corps législatif , aussi , la loi du 13 floréal dernier déclare-t-elle que celle du 8 floréal de l'an III , en cessant d'être applicable à ceux qui ont repris les armes contre la république , conserve toute sa force pour ceux qui ont été fidèles à leurs sermens. D'après cette loi , lorsque l'on prétendra que les traités de la Jaunais et de la Mabilais ne sont plus applicables à quelque Vendéen , il faut donc se soumettre à prouver qu'il fut le complice de ceux qui les rompirent.

Mais cette preuve même peut-elle être admise aujourd'hui ? En ce cas, faites donc revivre la loi pénale du 30 prairial de l'an III , et construisez des échafauds pour tous ceux qui ont pris part à la guerre depuis la première pacifi-

---

n'en sont pas moins les véritables pacificateurs de la *Vendée*. Sans le traité de la Jaunais , les derniers efforts de Charrette eussent été beaucoup plus puissans , et ce malheureux pays , au milieu des ruines qui le couvrent , serait peut-être encore le théâtre de la guerre civile.

cation. Quiconque proposerait une telle me-sure, mériterait d'être puni comme perturba-teur. Toutes les fautes, toutes les erreurs, ont été pardonnées une seconde fois. La loi du 23 floréal n'a fait que suspendre l'effet des traités de la Jaunais et de la Mabilais ; ces traités reprennent aujourd'hui toute leur force, et doivent être exécutés sans restriction et sans distinction envers les mêmes personnes et de la même manière qu'ils ont dû l'être au moment où ils furent signés. Ainsi, le séquestre ne peut plus être maintenu sur les biens d'aucuns de ceux qui habitaient le théâtre de la guerre civile, à l'époque du 8 floréal de l'an III.

L'on m'objectera, l'on m'a déjà objecté, que depuis cette époque, l'Angleterre a vomi sur nos côtes un grand nombre d'émigrés qui peuvent se sauver à l'abri de cette mesure. Ce serait un malheur, sans doute : mais une supposition ne doit pas vous empêcher d'être justes, ne vous dispense pas de maintenir la foi jurée, et de remplir des engagemens que vous avez contractée d'une manière si solem-nelle. Ce malheur, si vous le redoutez, n'avez-vous pas mille moyens de le prévenir ?... Les émigrés qui peuvent-être rentrés, étaient sortis de la France dès la fin de 1791. Au moment où la guerre civile a éclaté, il n'en était pas rentré un seul dans les pays insurgés. S'il y en a maintenant, il leur est impossible de justifier de leur résidence jusqu'à l'époque de l'insurrection. Astreignez, si vous voulez, à cette preuve, tous ceux qui réclament, il n'en est pas un seul qui ne soit dans le cas de la fournir, quoique les traités ne les asservissent pas à cette formalité.

Mais, m'a-t-on dit encore, des émigrés rentrés peuvent corrompre des témoins, présenter de faux certificats, et surprendre ainsi la justice du corps législatif et du gouvernement.

Je réponds d'abord que le crime ne se suppose pas, et qu'aux yeux de tout homme qui ne sera pas aveuglé par l'esprit de parti, il y a dans la Vendée paisible, plus de moralité que dans beaucoup d'autres parties de la France, qui n'ont pas été agitées par d'aussi violens orages. Cette objection, d'ailleurs, n'est pas particulière à la cause que je défends. Elle s'applique aux émigrés de tous les départemens, et parce que, malgré la sévérité des précautions employées pour prévenir leur retour , quelques - uns peuvent échapper à la vengeance nationale , ce n'est pas une raison pour envahir la fortune de cette foule d'innocens que l'erreur , la légèreté , la prévention , la haine , la cupidité , ont fait inscrire sur ces fatales listes.

J'en ai dit assez, citoyens législateurs, pour démontrer que c'est injustement et contre la foi des traités , que l'on tient sous le séquestre le bien d'un grand nombre de Vendéens rentrés dans le sein de la république. Je n'ai pas besoin de développer plus longuement les puissantes considérations qui doivent vous déterminer à faire cesser promptement cette mesure impolitique. L'acte de justice que je réclame doit avoir lieu tôt ou tard , parce qu'il est impossible qu'une classe nombreuse de citoyens subisse long-tems la peine d'un délit dont il est évident qu'elle n'est point coupable : pourquoi retarderiez-vous donc ce que la force irrésistible des principes doit nécessairement amener un jour. Un acte de justice , fait à propos , vous donnera des droits à la reconnaissance de ceux qui le réclament , et la reconnaissance des citoyens ne doit pas être indifférente à ceux qui les gouvernent.

(13)

La Vendée fut coupable, sans doute : mais cette contrée intéressante mérite, sous plus d'un rapport, qu'on fasse des efforts, pour l'attacher à la république. Il reste encore des préjugés à vaincre : mais que le gouvernement soit juste, l'amour et la confiance succéderont infailliblement aux défiances et aux préventions.

Je vous invite donc à déclarer que les traités de la Jaunais et de la Mabilais, doivent être exécutés aujourd'hui, comme au 8 floréal de l'an III, et que, conformément à ces traités, il n'y a pas de motif de tenir, sous le sequestre, les biens des Vendéens rentrés dans le sein de la République.

Salut et respect,

CH. F. LAROCHEFOUCAULD.

Il m'est parvenu une lettre relative à l'objet que je traite, et qu'il n'est pas indifférent de faire connaître.

La Roche-sur-Yon, le 9 frimaire, l'an 5 de la République française, une et indivisible.

LANSIER, *juge de paix du canton de la Roche-sur-Yon, au citoyen* CAVOLEAU.

CITOYEN,

Il y a environ trois mois, j'ai adressé au représentant du peuple Morisson, mon beau-frère, une pétition des citoyennes Derossy, mère et filles, pour le ministre de la police, tendante à leur radiation de la liste des émigrés, où elles ont été très-injustement inscrites; j'y avais joint des certificats de résidence en bonne forme; j'avais prié Morisson de me donner avis de la tournure que prendrait cette affaire, et s'il y avait espoir de succès; je n'en faisais aucun doute, ces citoyennes n'ayant jamais sorti de la Vendée, où les loix n'étaient connues ni observées, pas plus que dans les pays conquis, avant qu'ils le fussent; je n'ai encore reçu aucune nouvelle à cet égard. Rejetter leur demande, serait une injustice dont les mandataires du peuple et les agens du gouvernement ne sont pas capables, et qui serait digne tout au plus des peuples les plus sauvages, qui n'ont point d'autres loix que les caprices de leurs maîtres. La cause de ces citoyennes me paraît si juste, et je vous connais si propre à la faire triompher, que je leur ai conseillé de s'adresser à vous; elles vous prient donc de vouloir bien vous en charger, et en conséquence de voir Morisson, de lui demander leurs papiers s'il les a encore, ou de vous informer en quel bureau il peut les avoir déposé. Je suis si convaincu de la fausseté du crime qu'on leur impute, et qu'elles n'ont pris aucune part active à la révolte de la Vendée, que je me fais un devoir bien doux de vous engager à vous charger de leur affaire; c'est un service essentiel que vous rendrez à des malheureuses bien dignes de toute votre sollicitude, et qui, par l'effet du séquestre se voient privées, tant qu'il durera, des choses les plus indispensables à la vie.

LANSIER.

Nota. Le seul crime des citoyennes Rossy, mère et filles, fut de n'avoir pas prévu les suites du mouvement général et subit qui arma la Vendée contre la République, et d'être restées dans leur maison. Elles habitaient le territoire de la Roche-sur-Yon, et le citoyen Lansier, qui était un des administrateurs de ce district, est une des plus importantes autorités qu'on puisse invoquer, quand c'est lui-même qui réclame la justice qui leur est due.

De l'Imprimerie de Du Pont, rue de l'Oratoire.